Impressum
Verlag: BABADADA GmbH, Nedderfeld 112 , 22529 Hamburg
Geschäftsführer / Verlagsleitung: Harald Hof
Druck: Books on Demand GmbH, In de Tarpen 42, 22848 Norderstedt

Imprint
Publisher: BABADADA GmbH, Nedderfeld 112 , 22529 Hamburg, Germany
Managing Director / Publishing direction: Harald Hof
Print: Books on Demand GmbH, In de Tarpen 42, 22848 Norderstedt, Germany

школа

مدرسه

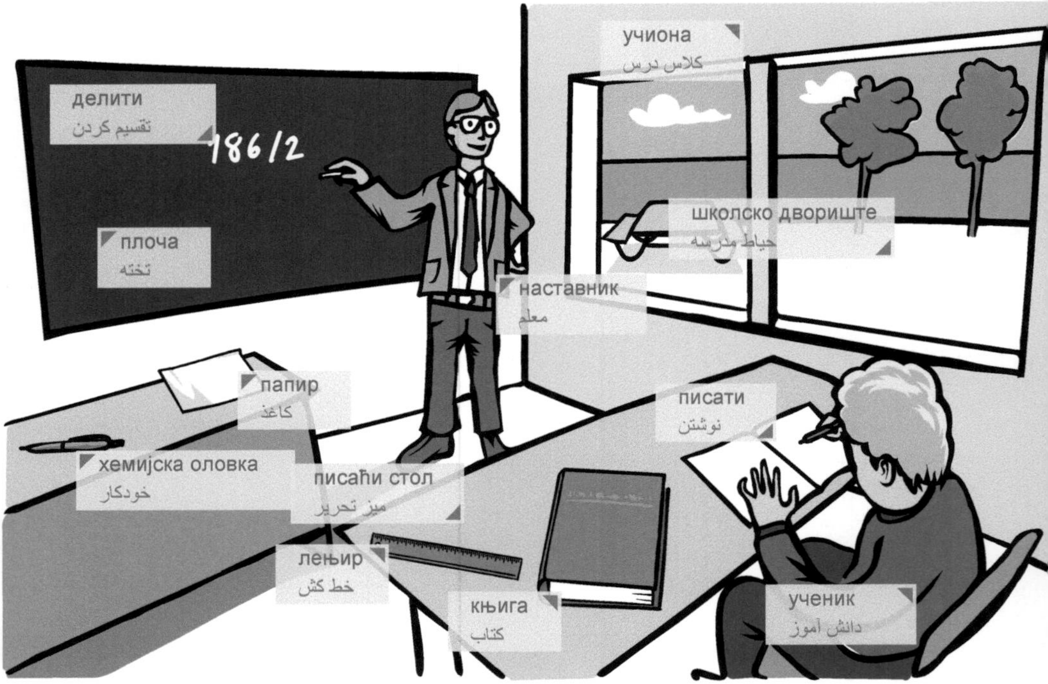

учиона
کلاس درس
делити
تقسیم کردن
186/2
плоча
تخته
школско двориште
حیاط مدرسه
наставник
معلم
папир
کاغذ
писати
نوشتن
хемијска оловка
خودکار
писаћи сто
میز تحریر
лењир
خط کش
књига
کتاب
ученик
دانش آموز

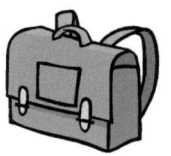

торба

کیف مدرسه

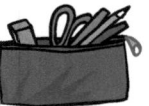

перница

جامدادی

графитна оловка

مداد

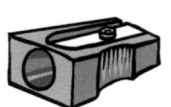

шиљило за оловке

تراش

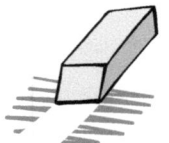

гумица за брисање

پاک کن

блок за цртање

دفتر رسم

цртеж

طراحی

кист

قلم مو

кутија са бојама

جعبه ی آبرنگ

маказе

قیچی

лепило

چسب

бележница

کتاب تمرین

домаћи задатак

تکلیف خانه

број

رقم

сабирати

جمع کردن

одузимати

تفریق کردن

множити

ضرب کردن

рачунати

محاسبه کردن

слово

حرف الفبا

абецеда

الفبا

реч

کلمه

текст

....

متن

читати

....

خواندن

креда

....

گچ

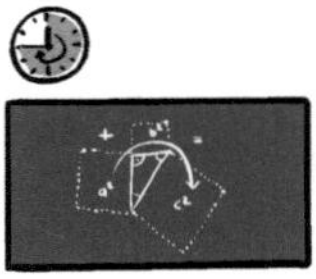

час

....

درس

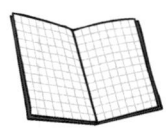

дневник

....

ثبت نام

испит

....

امتحان

сведочанство

....

مدرک رسمی

школска униформа

....

لباس مدرسه

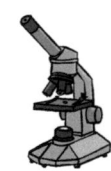

образовање

....

تحصیلات

лексикон

....

دانشنامه

универзитет

....

دانشگاه

микроскоп

....

میکروسکوپ

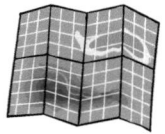

карта

....

نقشه

кошара за папир

....

سبد کاغذ باطله

хотел
هتل

пренοћиште
مسافرخانه

ROOMS

Grand

мењачница
صرافی

EXCHANGE

кофер
چمدان

ауто
اتومبیل

језик
زبان

да / не
بله / خیر

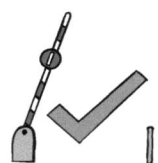

океј
اکی

здраво
سلام

преводилац
مترجم

хвала
ممنون

Колико кошта...?

قیمت ... چه قدر است؟

не разумем

من متوجه نمی شوم

проблем

مشکل

добро вече!

عصر بخیر! / شب بخیر!

Добро јутро!

صبح بخیر!

Лаку ноћ!

شب بخیر!

довиђења

خدانگهدار

смер

جهت

пртљага

بار سفر

торба

کیف

руксак

کوله پشتی

гост

مهمان

соба

اتاق

врећа за спавање

کیسه خواب

шатор

خیمه

туристичке информације
....
مرکز راهنمای گردشگران

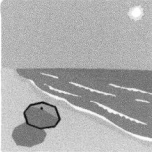

плажа
....
ساحل

кредитна картица
....
کارت اعتباری

доручак
....
صبحانه

ручак
....
نهار

вечера
....
شام

карта за вожњу
....
بلیط

лифт
....
آسانسور

поштанска маркица
....
مهر

граница
....
مرز

царина
....
گمرک

амбасада
....
سفارتخانه

виза
....
ویزا

пасош
....
گذرنامه

транспорт
حمل و نقل

авион
هواپیما
брод
کشتی
ватрогасно возило
ماشین آتش نشانی
аутобус
اتوبوس
теретно возило
کامیون
моторни чамац
قایق موتوری
бицикл
دوچرخه
ауто
اتومبیل

трајект
....
کشتی مسافربری

чамац
....
قایق

мотоцикл
....
موتورسیکلت

полицијски ауто
....
ماشین پلیس

тркаћи ауто
....
ماشین مسابقه

изнајмљено ауто
....
ماشین کرایه ای

делење аутомобила

به اشتراک گذاری اتوموبیل

вучно возило

جرثقیل

возило за одвоз смећа

ماشین حمل زباله

мотор

موتور

бензин

بنزین

бензинска станица

پمپ بنزین

саобраћајни знак

تابلو راهنمایی و رانندگی

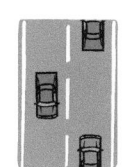

саобраћај

عبور و مرور

застој

ترافیک

паркиралиште

پارکینگ

железничка станица

ایستگاه قطار

шине

ریل راه آهن

воз

قطار

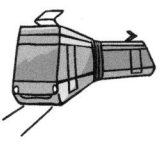

трамвај

قطار برقی

вагон

واگن

хеликоптер

هلیکوپتر

аеродром

فرودگاه

кула

برج

путник

مسافر

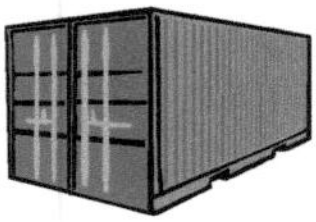

контејнер

کانتینر

картон

کارتن

колица

گاری

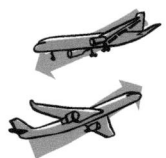

корпа

سبد

узлетети / слетети

به پرواز درآمدن / فرود آمدن

град

شهر

село

دهکده

центар града

مرکز شهر

кућа

خانه

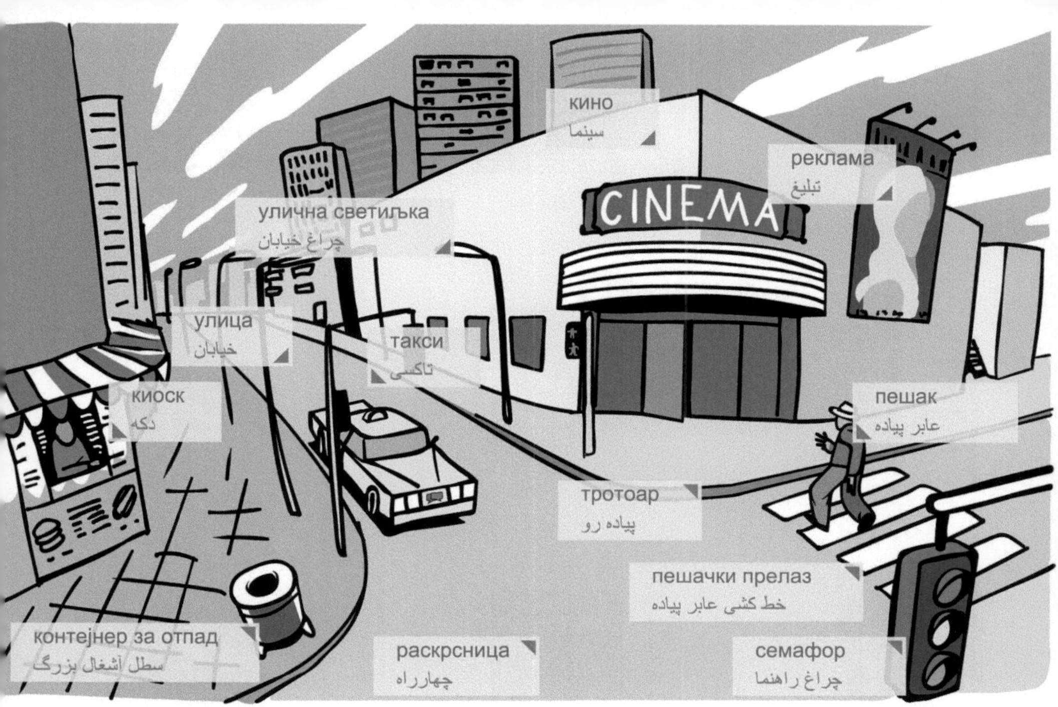

кино
سینما

реклама
تبلیغ

улична светиљка
چراغ خیابان

CINEMA

улица
خیابان

такси
تاکسی

пешак
عابر پیاده

киоск
دکه

тротоар
پیاده رو

пешачки прелаз
خط کشی عابر پیاده

контејнер за отпад
سطل آشغال بزرگ

раскрсница
چهارراه

семафор
چراغ راهنما

колиба

كلبه

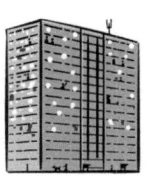

стан

آپارتمان

железничка станица

ایستگاه قطار

већница

ساختمان شهرداری

музеј

موزه

школа

مدرسه

универзитет

دانشگاه

банка

بانک

болница

بیمارستان

хотел

هتل

апотека

داروخانه

канцеларија

اداره

књижара

کتابفروشی

продавница

مغازه

цвећара

گل فروشی

супермаркет

سوپرمارکت

трг

بازار

робна кућа

فروشگاه بزرگ

рибарница

ماهی فروش

трговачки центар

مرکز خرید

лука

بندر

парк

پارک

клупа

نیمکت

мост

پل

степенице

پله

подземна железница

مترو

тунел

تونل

аутобуска станица

ایستگاه اتوبوس

бар

میخانه

ресторан

رستوران

поштанско сандуче

صندوق پست

улични знак

تابلوی خیابان

паркирни аутомат

دستگاه پارکومتر

зоолошки врт

باغ وحش

базен

استخر شنای عمومی

џамија

مسجد

сеоско газдинство

مزرعه

загађење околине

آلودگی محیط زیست

гробље

قبرستان

црква

کلیسا

игралиште

زمین بازی

храм

معبد

пејсаж

چشم انداز

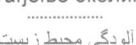

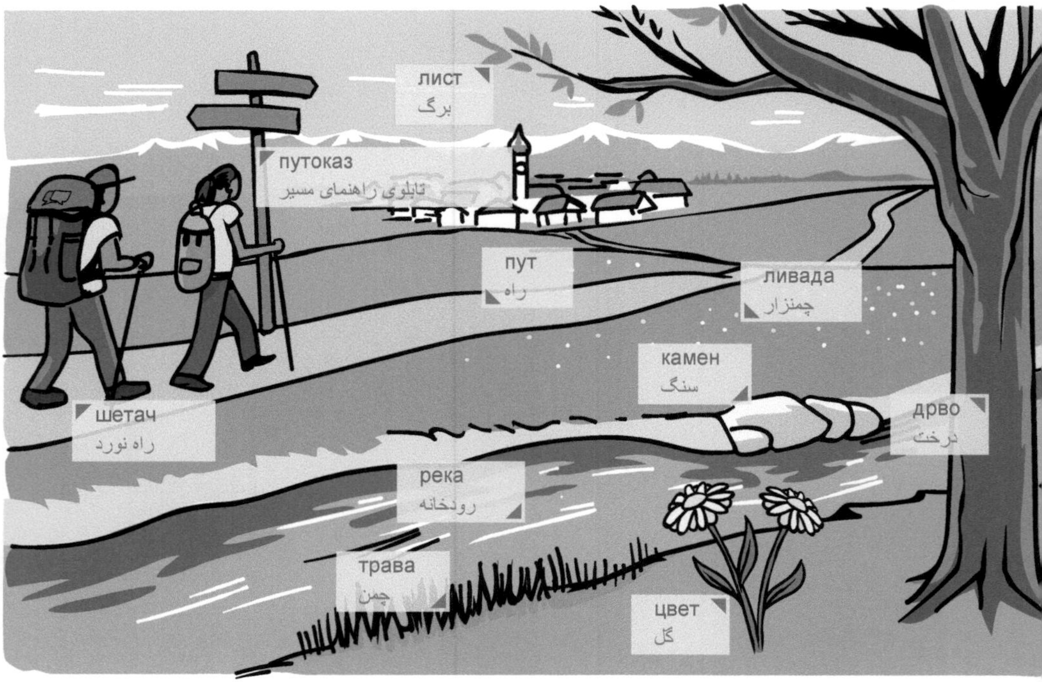

лист
برگ

путоказ
تابلوی راهنمای مسیر

пут
راه

ливада
چمنزار

камен
سنگ

дрво
درخت

шетач
راه نورد

река
رودخانه

трава
چمن

цвет
گل

долина

دره

планина

تپه

језеро

دریاچه

шума

جنگل

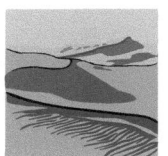

пустиња

بیابان

вулкан

کوه آتشفشان

дворац

قلعه

дуга

رنگین کمان

гљива

قارچ

палма

درخت نخل

москито

پشه

мува

مگس

мрав

مورچه

пчела

زنبور

паук

عنکبوت

буба

سوسک

жаба

قورباغه

веверица

سنجاب

јеж

جوجه تیغی

зец

خرگوش صحرایی

сова

جغد

птица

پرنده

лабуд

قو

дивља свиња

گراز

јелен

گوزن نر

лос

گوزن شمالی

насип

سد آب

ветрењача

توربین بادی

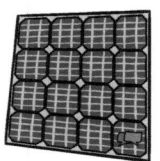

соларна плоча

صفحه ی خورشیدی

клима

آب و هوا

ресторан

رستوران

јеловник
منوی غذا
столица
صندلی
супа
سوپ
пица
پیتزا
прибор за јело
سرویس کارد و قاشق و چنگال
столњак
رومیزی

предјело

پیش‌غذا

главно јело

غذای اصلی

десерт

دسر

напитци

نوشیدنی ها

јело

غذا

флаша

بطری

брза храна

فست فود

имбис храна

اغذیه خیابانی

чајник

قوری

доза за шећер

قندان

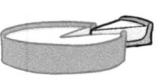

порција

پُرس غذا

апарат за еспресо

دستگاه اسپرسو

висока столица

صندلی پایه بلند غذاخوری بچه

рачун

صورتحساب

послужавник

سینی

нож

چاقو

виљушка

چنگال

кашика

قاشق

чајна кашика

قاشق چایخوری

салвета

دستمال سفره

чаша

لیوان

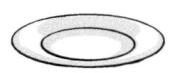

тањир

بشقاب

тањир за супу

بشقاب سوپخوری

тањирић

نعلبکی

сос

سس

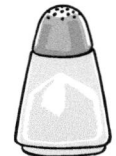

сољенка

نمکدان

млин за бибер

فلفل ساب

сирће

سرکه

уље

روغن خوراکی

зачини

ادویه جات

кечап

سس کچاپ

сенф

سس خردل

мајонеза

سس مایونز

супермаркет

سوپرمارکت

понуда
پیشنهاد ویژه
купац
مشتری
млечни производи
لبنیات
воће
میوه جات
колица за куповину
چرخ دستی خرید

месница

قصابی

пекара

نانوایی

вагати

وزن کردن

поврће

سبزیجات

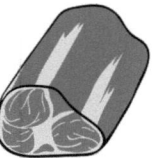

месо

گوشت

смрзнута храна

غذای منجمد

нарезак

مخلوطی از انواع کالباس یا پنیر که
ورقه ای بریده شده باشند

конзерве

غذای کنسروی

средство за прање

پودر لباسشویی

слаткиши

شیرینی جات

артикли за домаћинство

لوازم خانگی

средства за чишћење

ماده شوینده و پاک کننده

продавачица

فروشنده

благајна

صندوق پرداخت

благајник

صندوقدار

листа за куповину

لیست خرید

време рада

ساعات کار

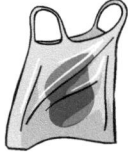

новчаник

کیف پول

кредитна картица

کارت اعتباری

торба

کیف

пластична кеса

کیسه ی پلاستیکی

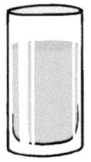

напитци
نوشیدنی ها

вода

آب

сок

آبمیوه

млеко

شیر

кола

نوشابه کوکاکولا

вино

شراب

пиво

آبجو

алкохол

الکل

какао

کاکائو

чај

چای

кава

قهوه

еспресо

قهوه اسپرسو

капућино

کاپوچینو

банана

موز

jабука

سیب

наранџа

پرتقال

лубеница

انواع هندوانه و خربزه

лимун

لیمو

шаргарепа

هویج

бели лук

سیر

бамбус

نی بامبو

лук

پیاز

гљива

قارچ

орашасти плодови

آجیل

резанци

ماکارونی

шпагете

اسپاگتی

рижа

برنج

салата

سالاد

помфрит

سیب زمینی سرخ کرده

печени крумпир

سیب زمینی سرخ شده

пица

پیتزا

хамбургер

همبرگر

сендвич

ساندویچ

шницла

شنیتسل

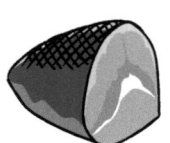

шунка

ژامبون خوک

салама

سالامی

кобасица

سوسیس

кокош

مرغ

печење

نوعی گوشت سرخ شده

риба

ماهی

зобене пахуљице

جوی پرک شده

мусли

نوعی صبحانه مخلوطی از برگه ذرت و
میوه های خشک شده و خشکبار که
معمولا با شیر خورده می شود

кукурузне пахуљице

کورن‌فلکس

брашно

آرد

кроасан

کرواسان

пециво

نان بروتشن

хлеб

نان

тоаст

نان تست

кекси

بیسکویت

маслац

کره

свежи сир

کشک

колач

کیک

јаје

تخم مرغ

јаје на око

تخم مرغ نیمرو

сир

پنیر

сладолед

بستنی

шећер

شکر

мед

عسل

мармелада

مربا

нугат крема

کرم شکلاتی بادامی

кари

ادویه کاری

сеоско газдинство

مزرعه

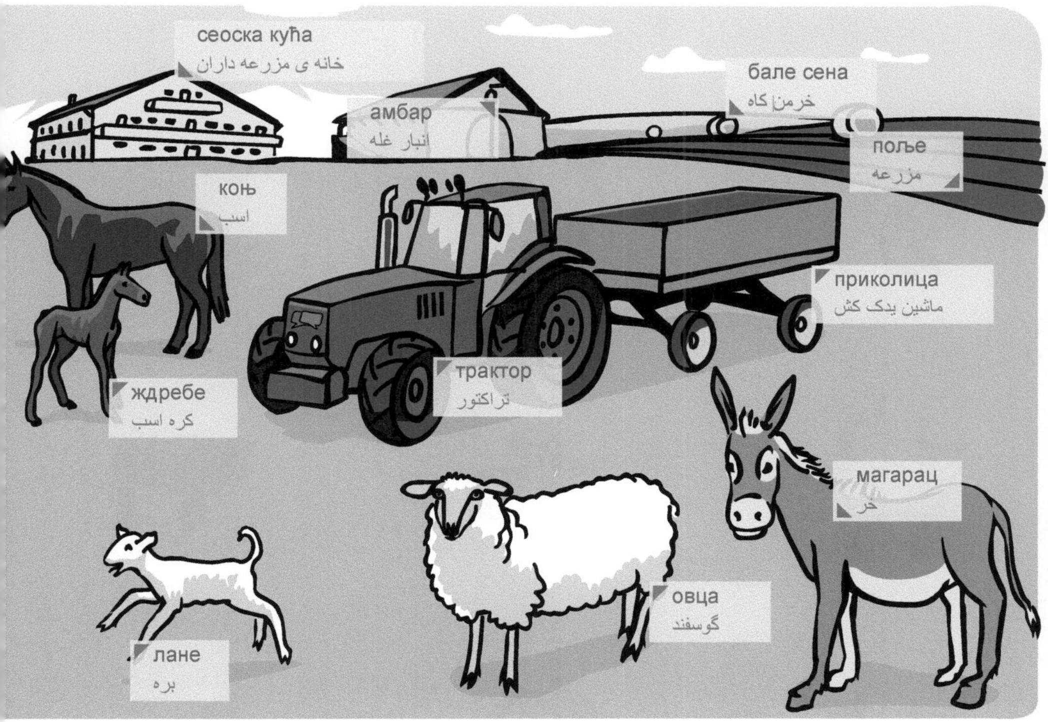

сеоска кућа
خانه ی مزرعه داران
бале сена
خرمن گاه
амбар
انبار غله
поље
مزرعه
коњ
اسب
приколица
ماشین یدک کش
трактор
تراکتور
ждребе
کره اسب
магарац
خر
овца
گوسفند
лане
بره

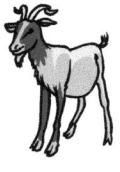

коза

بز

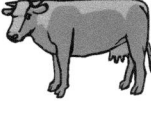

крава

گاو ماده

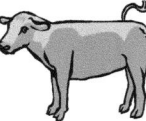

теле

گوساله

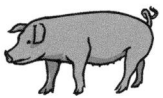

свиња

خوک

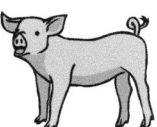

прасе

بچه خوک

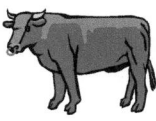

бик

گاو نر

гуска

غاز

патка

اردک

пилићи

جوجه

кокош

مرغ

петао

خروس

пацов

موش صحرایی

мачка

گربه

миш

موش

вол

گاو نر اخته

пас

سگ

кућица за пса

لانه ی سگ

вртно црево

شلنگ باغبانی

канта за поливање

آبپاش

коса

داس دسته بلند

плуг

گاوآهن

срп

داس

мотика

کج بیل

виљушка за ђубриво

چنگک باغبانی

секира

تبر

тачке

فرقون

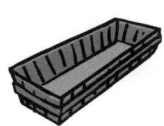

корито

آبشخور

посуда за млеко

بطری نگهداری شیر

врећа

کیسه

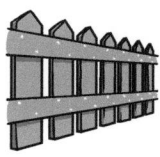

ограда

حصار

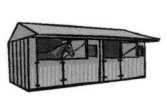

штала

اصطبل

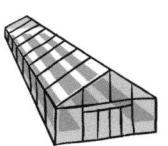

стакленик

گلخانه

земља

خاک

семе

بذر

ђубриво

کود

комбајн

ماشین کمباین

жети

....

برداشت کردن محصول

жетва

....

محصول

јамс зачин

....

تمیس

пшеница

....

گندم

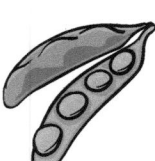

соја

....

سویا

крумпир

....

سیب زمینی

кукуруз

....

ذرت

уљана репица

....

کلزا

воћка

....

درخت میوه

гомољ маниоке

....

گیاه مانیوک

житарице

....

غلات

кућа
خانه

димњак
دودکش
кров
پشت بام
жлеб
ناودان
прозор
پنجره
гаража
گاراژ
звоно
زنگ در
врата
در
корпа за отпад
سطل آشغال
поштанско сандуче
صندوق مراسلات
врт
باغ

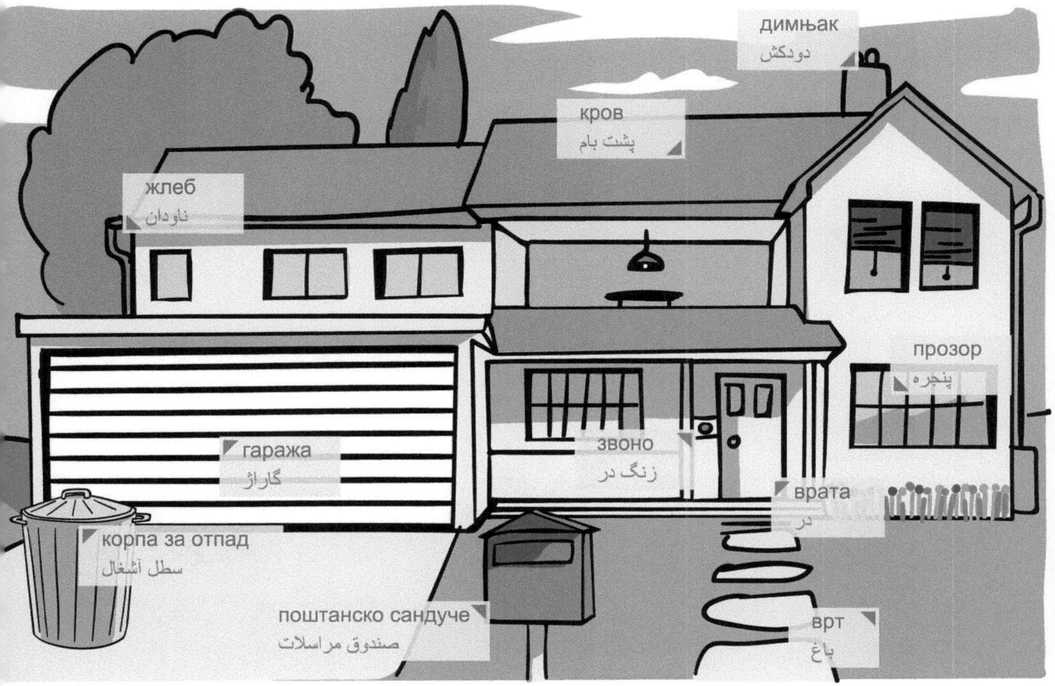

дневна соба

اتاق نشیمن

купаоница

حمام

кухиња

آشپزخانه

спаваћа соба

اتاق خواب

дечија соба

اتاق بچه

трпезарија

ناهارخوری

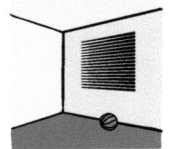

под

کف زمین

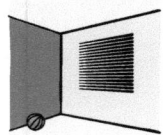

зид

دیوار

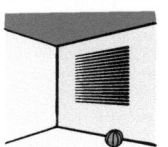

строп

سقف

подрум

زیرزمین

сауна

سونا

балкон

بالکن

тераса

تراس

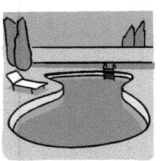

базен

استخر

косилица за траву

ماشین چمن‌زنی

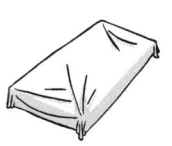

постељина за кревет

ملافه

дека за кревет

روتختی

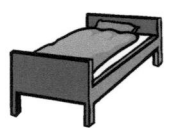

кревет

تخت خواب

метла

جارو

канта

سطل

прекидач

سویچ یا کلید

дневна соба

اتاق نشیمن

тапета
کاغذ دیواری
слика
عکس
светиљка
لامپ
регал
قفسه
ормар
کابینت
телевизија
تلویزیون
камин
شومینه
цвет
گل
јастук
کوسن
кауч
کاناپه
ваза
گلدان
даљински управљач
کنترل تلویزیون و ویدئو و غیره

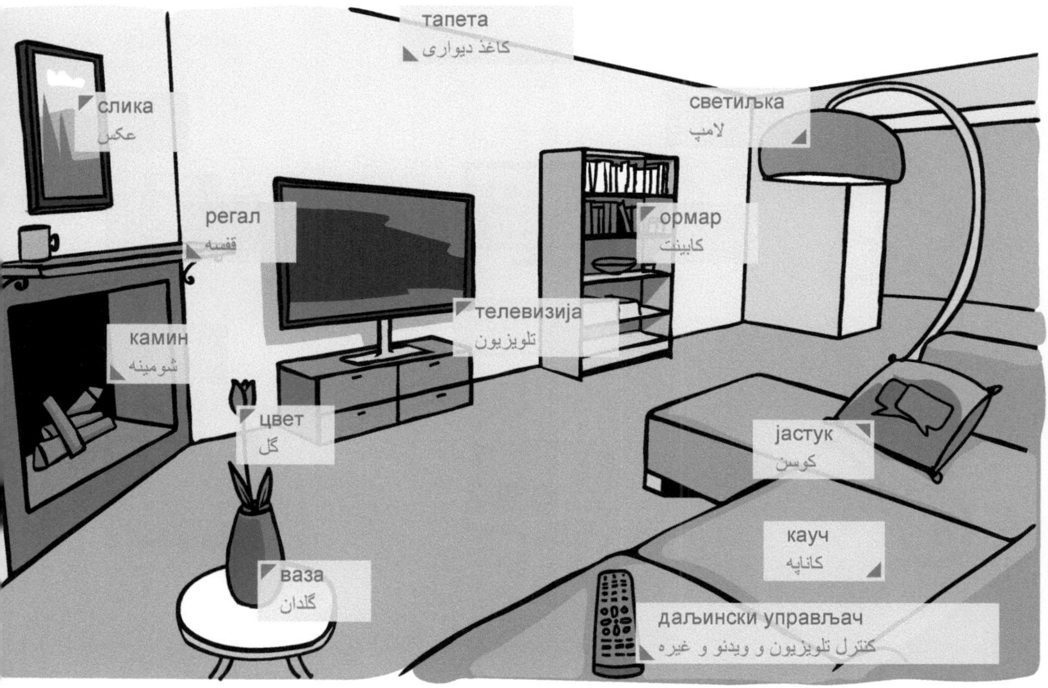

тепих

فرش

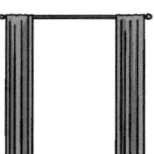

завеса

پرده

сто

میز

столица

صندلی

столица за њихање

صندلی گهواره ایی

фотеља

صندلی راحتی

књига

كتاب

дека

لحاف

декорација

دكوراسيون

дрво за огрев

هيزم

филм

فيلم

хи-фи уређај

دستگاه ضبط صوت

кључ

كليد

новине

روزنامه

слика на платну

تابلو نقاشى

постер

پوستر

радио

راديو

блок за писање

دفترچه يادداشت

усисивач

جاروبرقى

кактус

كاكتوس

свећа

شمع

кухиња
آشپزخانه

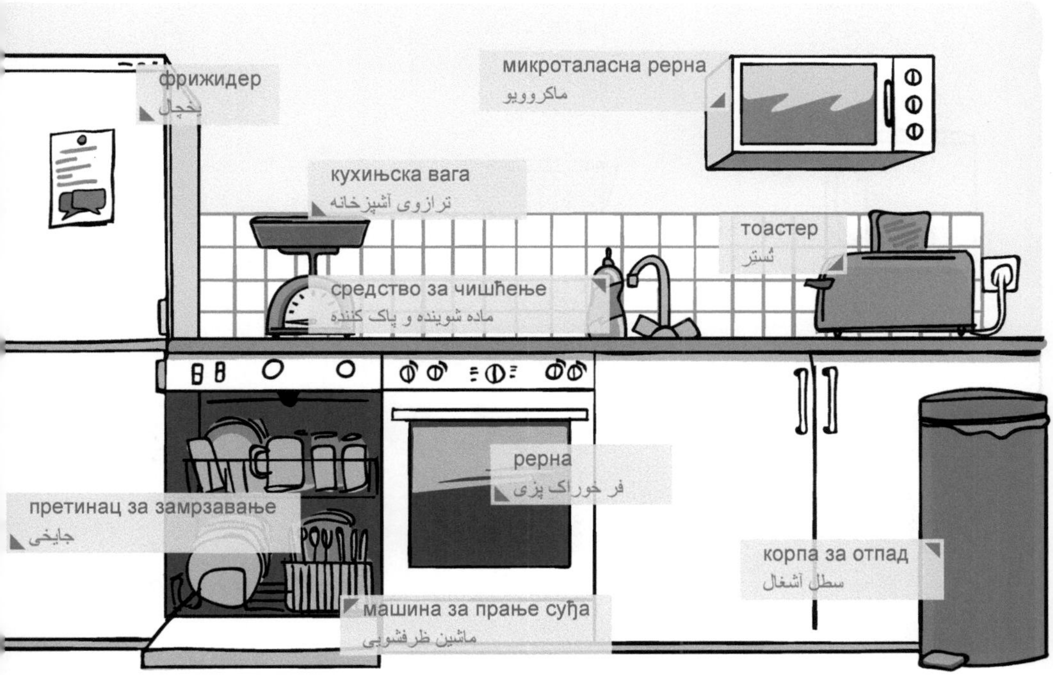
фрижидер
یخچال
микроталасна рерна
ماکروویو
кухињска вага
ترازوی آشپزخانه
тоастер
تُستر
средство за чишћење
ماده شوینده و پاک کننده
рерна
فر خوراک پزی
претинац за замрзавање
جایخی
корпа за отпад
سطل آشغال
машина за прање суђа
ماشین ظرفشویی

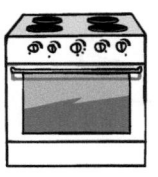

шпорет

اجاق گاز

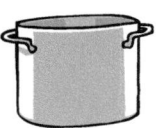

лонац

قابلمه

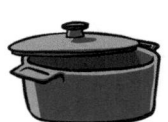

гвоздени лонац

قابلمه چدنی

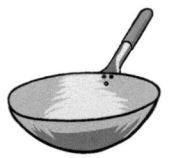

вок / кадаи

ماهی تابه گود

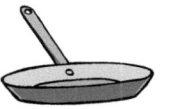

тава

ماهی تابه

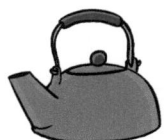

кувало за воду

کتری

кувало на пару

بخارپز

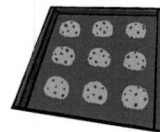

лим за печење

سینی فر

посуђе

ظرف چینی آشپزخانه

чаша

لیوان

посуда

کاسه

штапићи за јело

چاپستیک

кутлача

ملاقه

лопатица

کفگیر

пењача

همزن

сито за кување

آبکش

сито

آبکش

рибеж

رنده

мужар

هاون

роштиљ

باربیکیو

огњиште

محل مخصوص افروختن آتش

даска

تخته گوشت و سبزی

оклагија

وردنه

вадичеп

در بطری بازکن

конзерва

قوطی

отварач конзерви

در قوطی بازکن

крпа за лонац

دستگیره پارچه ای

судопер

سینک ظرفشویی

четка

برس گردگیری

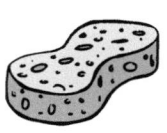

сунђер

اسفنج

миксер

مخلوط کن

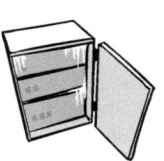

замрзивач

فریزر

флашица за бебе

شیشه شیر بچه

славина за воду

شیر آب

купаоница

حمام

туш
دوش
грејање
بخاری
пешкир
حوله
завеса за туш
پرده ی حمام
пенушава купка
حمام کف
када
وان حمام
чаша
لیوان
машина за прање веша
ماشین لباسشویی
славина за воду
شیر آب
плочице
کاشی
тута
لگن دستشویی کودکان
судопер
سینک ظرفشویی

тоалет

توالت

чучавац

توالت ایرانی

бидет

کاسه توالت

писоар

توالت مخصوص آقایان

тоалетни папир

دستمال توالت

четка за тоалет

فرچه توالت

четкица за зубе

مسواک

паста за зубе

خمیردندان

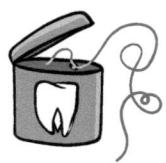

конац за зубе

نخ دندان

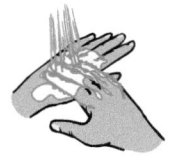

прати

شستن

туш ручица

دوش آب تلفنی

туш за прање интимних делова

شلنگ توالت

лавор

لگن روشویی

четка за прање леђа

برس شست و شوی پشت

сапун

صابون

гел за туширање

شامپو بدن

шампон

شامپو

крпа за прање

لیف حمام

одвод

راه آب

крема

کرم

дезодоранс

اسپری دئودورانت

огледало

آیینه

козметичко огледало

آیینه ی کوچک دستی

бријач

تیغ ریش تراشی

пена за бријање

کف ریش تراشی

лосион за после бријања

افترشیو

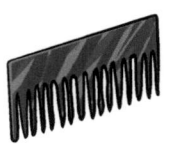

чешаљ

شانه ی سر

четка

برس

фен за косу

سشوار

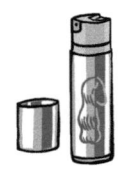

спреј за косу

اسپری مو

шминка

آرایش

руж за усне

رژلب

лак за нокте

لاک ناخن

вата

پنبه

маказе за нокте

قیچی ناخن

парфем

عطر

40   купаоница - حمام

козметичка торбица

کیف لوازم آرایشی و بهداشتی

столица

چهارپایه

вага

ترازو

огртач

حوله ی پالتویی

рукавице за чишћење

دستکش ظرفشویی

тампон

تامپون

уложак

نوار بهداشتی

хемијски тоалет

توالت سیار

дечија соба

اتاق بچه

будилник
ساعت زنگدار
плишана играчка
نوعی عروسک نرم به شکل حیوانات
ауто играчка
ماشین اسباب بازی
звечка
جغجغه
кућица за лутке
خانه ی عروسکی
поклон
کادو

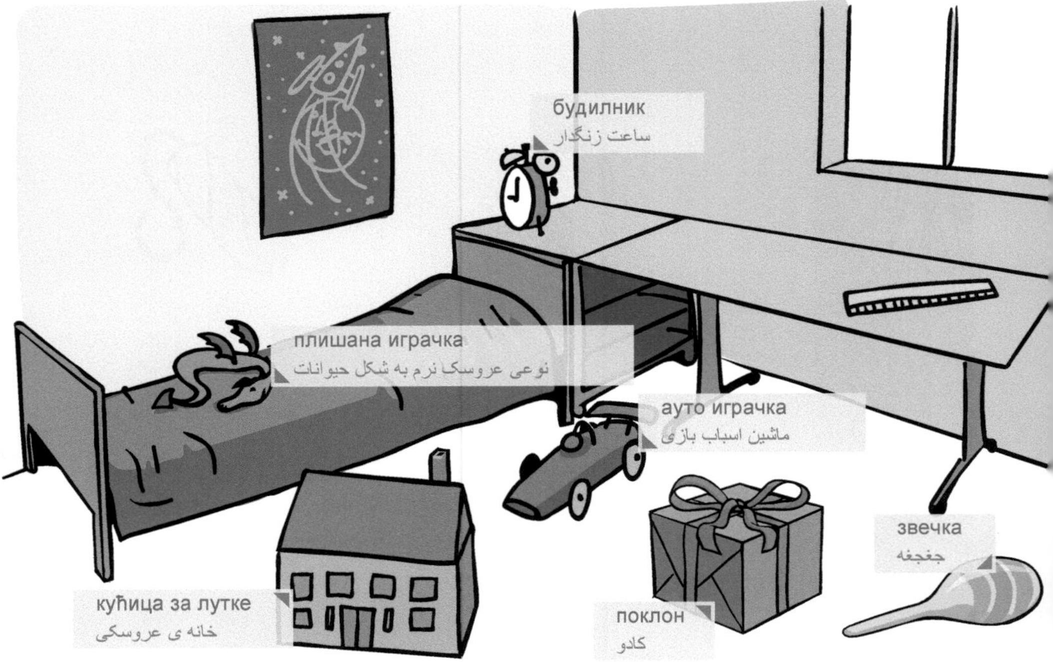

балон

بادکنک

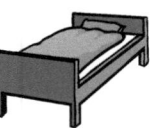

кревет

تخت خواب

дјечија колица

کالسکه بچه

игра са картама

بازی ورق

слагалица

پازل

стрип

داستان مصور

лего коцкице

اسباب بازی لگو

коцкице за слагање

خانه سازی

акциони јунак

عروسک شخصیت های فیلم و کارتون

бенкица за бебе

لباس نوزاد

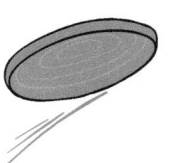

фризби

فریزبی

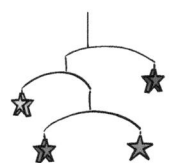

висеће играчке

نوعی اسباب بازی که روی تخت نوزاد
یا کودک نصب می شود

друштвене игре

بازی روی صفحه

коцка

تاس

минијатурна жељезница

قطار اسباب بازی

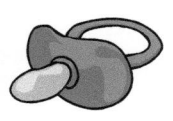

дуда

پستانک

забава

مهمانی

сликовница

کتاب مصور

лопта

توپ

лутка

عروسک

играти

بازی کردن

пешчаник

جعبه شنی مخصوص بازی کودکان

љуљачка

تاب

играчка

اسباب بازی

конзола за игре

کنسول بازی های کامپیوتری

трицикл

سه چرخه

теди

خرس عروسکی

ормар

کمد لباس

одећа

لباس

кратке чарапе

جوراب

чарапе

جوراب زنانه ساق بلند

хулахопке

جوراب شلواری

шал
شال

каиш
کمربند

кишобран
چتر

мајица
تی شرت

патике
کفش ورزشی گتانی

чизме
پوتین

папуче
دمپایی

сандале
....
صندل

ципеле
....
کفش

гумене чизме
....
چکمه پلاستیکی

гаћице
....
شرت

грудњак
....
سوتین

поткошуља
....
جلیقه

боди

بادی

панталоне

شلوار

фармерке

جین

сукња

دامن

блуза

بلوز

кошуља

پیراهن

џемпер

پولیور

џемпер с капуљачом

سویی شرت

сако

نوعی کت

јакна

ژاکت

мантил

کت بلند

кабаница

بارانی

костим

لباس نمایش

хаљина

لباس

венчаница

لباس عروس

одело

کت و شلوار

спаваћица

لباس خواب زنانه

пиџама

پیژامه

сари

ساری

марама за главу

روسری

турбан

عمامه

бурка

برقع

кафтан

قبا

абаја

عبا

купаћи костим

لباس شنا

купаће гаћице

شرت شنا

кратке панталоне

شلوارک

одећа за тренинг

لباس ورزشی

кецеља

پیشبند

рукавице

دستکش

дугме

دکمه

наочаре

عینک

наруквица

دستبند

огрлица

گردنبند

прстен

انگشتر

наушница

گوشواره

капа

کلاه لبه دار

вешалица

چوب لباسی

шешир

کلاه

кравата

کراوات

патент затварач

زیپ

кацига

کلاه ایمنی

нараменице

بند شلوار

школска униформа

لباس مدرسه

униформа

لباس فرم

подбрадак

پیش بند بچه

дуда

پستانک

пелена

پوشک بچه

канцеларија

اداره

сервер
سرور
ормар за списе
کمد نگهداری پرونده
штампач
چاپگر
папир
کاغذ
монитор
مانیتور
миш
ماوس
писаћи стол
میز تحریر
мапа
زونکن
тастатура
صفحه کلید
кошара за папир
سبد کاغذ باطله
компјутер
کامپیوتر
столица
صندلی

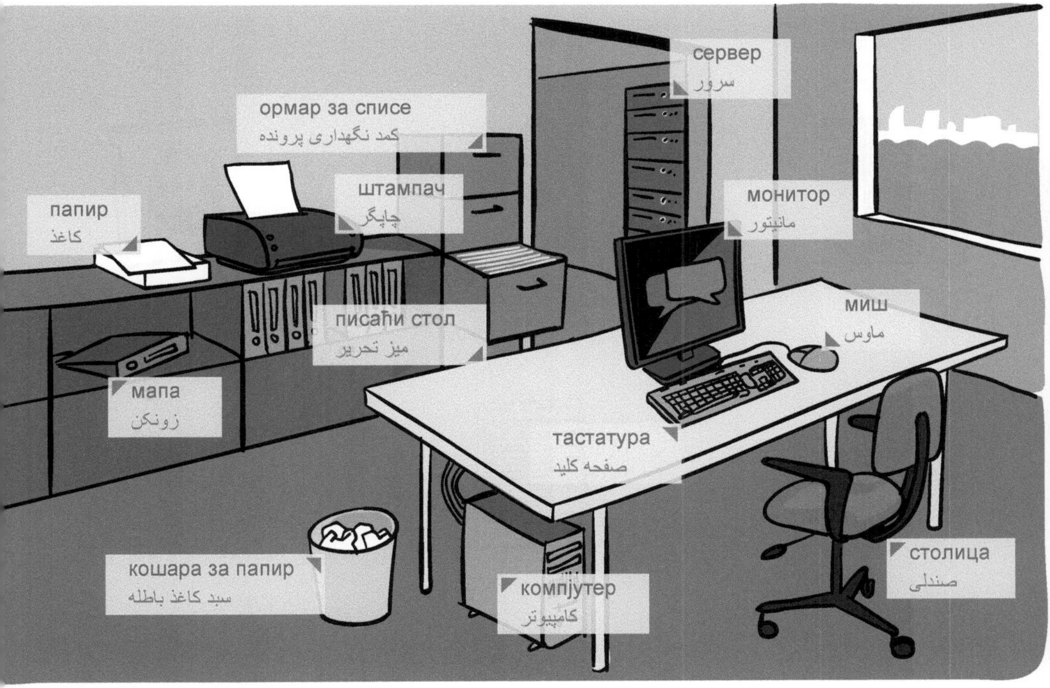

шалица за каву

لیوان قهوه

калкулатор

ماشین حساب

интернет

اینترنت

лаптоп

لپ تاپ

писмо

نامه

порука

پيغام

мобилни телефон

تلفن همراه

мрежа

شبکه ی ارتباطی

уређај за копирање

دستگاه فتوکپی

софтвер

نرم افزار

телефон

تلفن

утичница

پريز

факс

دستگاه فاکس

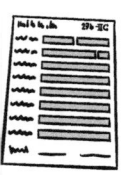

формулар

فرم

документ

مدرک

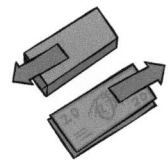

куповати

خریدن

платити

پرداخت کردن

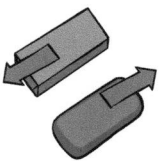

трговати

تجارت کردن

новац

پول

долар

دلار

евро

یورو

јен

ین

рубља

روبل

швајцарски франак

فرانک سوئیس

ренминдби јуан

یوان رنمینبی

рупија

روپیه

аутомат за новац

دستگاه خودپرداز

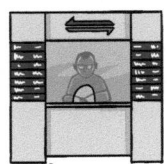

мењачница

صرافی

злато

طلا

сребро

نقره

нафта

نفت

енергија

انرژی

цена

قیمت

уговор

قرارداد

порез

مالیات

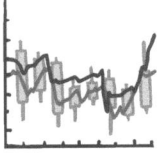

деонице

سهام سرمایه

радити

کار کردن

службеник

کارمند

послодавац

کارفرما

фабрика

کارخانه

продавница

مغازه

занимања
مشاغل

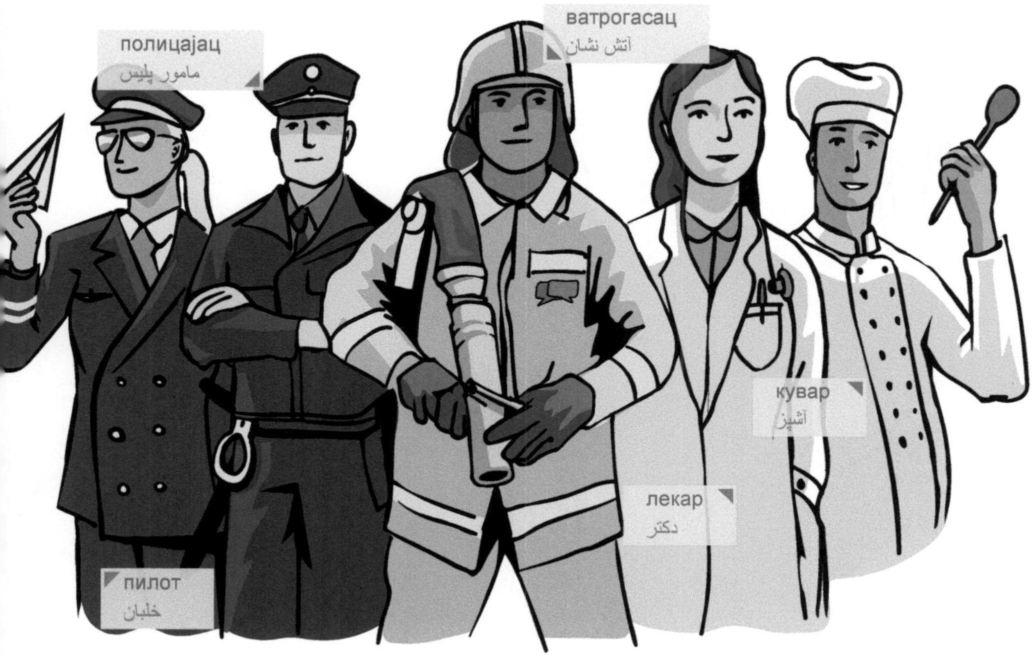
полицајац
مامور پلیس
ватрогасац
آتش نشان
кувар
آشپز
лекар
دکتر
пилот
خلبان

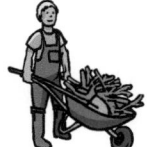

вртлар

باغبان

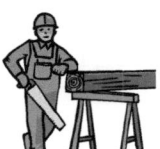

столар

نجار

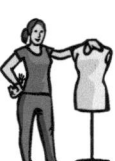

кројачица

خیاط زنانه

судија

قاضی

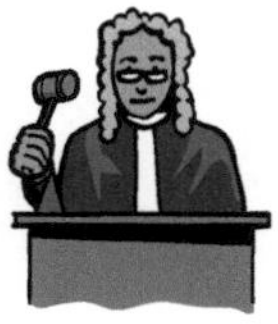

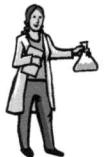

хемичар

شیمیدان

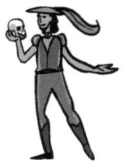

глумац

بازیگر

возач аутобуса

راننده اتوبوس

возач таксија

راننده تاکسی

рибар

ماهیگیر

чистачица

نظافتچی زن

кровопокривач

سقف ساز

конобар

پیشخدمت رستوران

ловац

شکارچی

сликар

نقاش

пекар

نانوا

електричар

برقکار

грађевински радник

کارگر ساختمانی

инжењер

مهندس

месар

قصاب

лимар

لوله کش

поштар

پستچی

војник

سرباز

архитекта

معمار

благајник

صندوقدار

цвећар

گل فروش

фризер

آرایشگر

кондуктер

مامور کنترل بلیط در قطار

механичар

مکانیک

капетан

ناخدا

зубар

دندانپزشک

научник

دانشمند

раби

عالم یهودی

имам

امام

монах

راهب

свештеник

کشیش

алати

ابزارآلات

чекић
چکش
клешта
انبردست
одвијач
پیچ گوشتی
џепна лампа
چراغ قوه
кључ за завртње
آچار

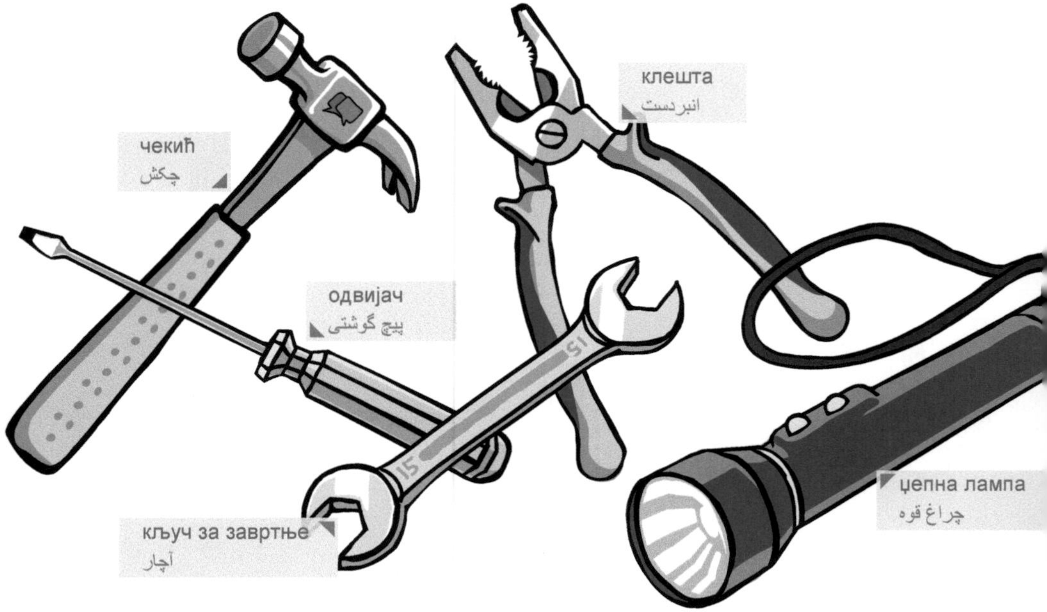

багер

بیل مکانیکی

кутија за алат

جعبه ابزار

мердевине

نردبان

пила

ارّه

ексер

میخ

бушилица

مته

поправити

تعمیر کردن

лопата

بیل

до ђавола!

لعنتی!

лопатица

خاک انداز

лонац за боју

سطل رنگرزی

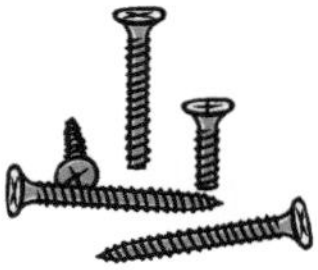

завртањи

پیچ

музички инструмент

آلات موسیقی

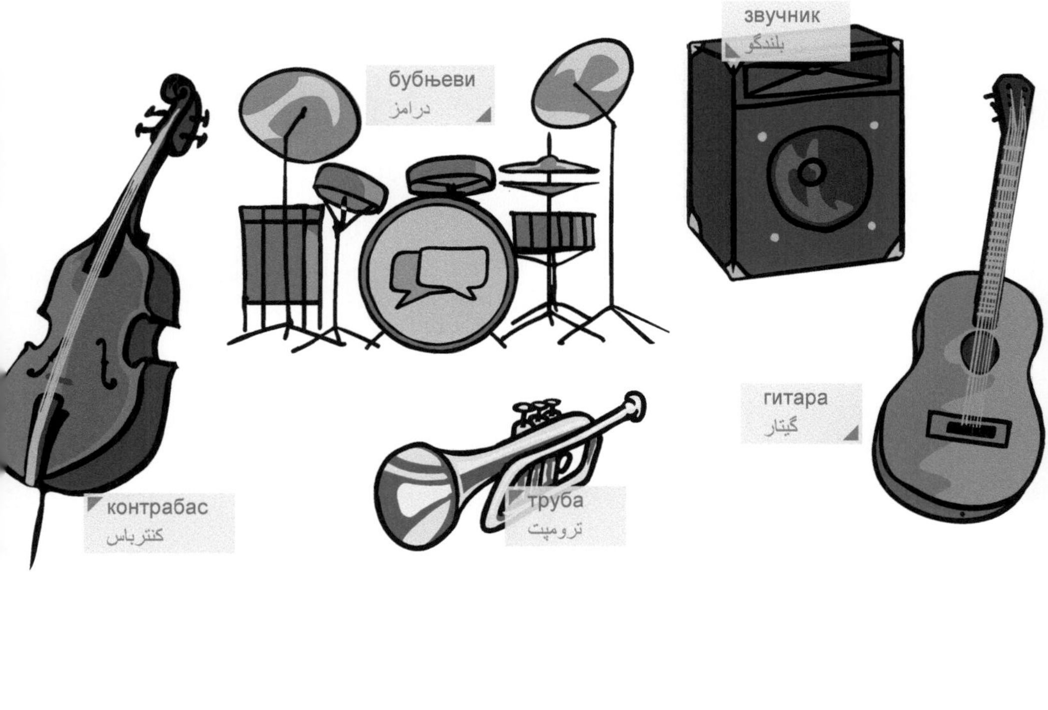

звучник

بلندگو

бубњеви

درامز

контрабас

کنترباس

труба

ترومپت

гитара

گیتار

клавир

پیانو

виолина

ویولن

бас

گیتار بیس

тимпани

تیمپانی

удараљке за бубњеве

طبل

типке клавира

کیبورد الکتریک

саксофон

ساکسیفون

флаута

فلوت

микрофон

میکروفون

зоолошки врт

باغ وحش

улаз
ورودی
тигар
ببر
кавез
قفس
зебра
گورخر
храна за животиње
خوراک حیوانات
панда
خرس پاندا

животиње

حیوانات

слон

فیل

кенгур

کانگورو

носорог

کرگدن

горила

گوریل

медвед

خرس

камила

شتر

ној

شترمرغ

лав

شیر

мајмун

میمون

фламинго

فلامینگو

папагај

طوطی

поларни медвед

خرس قطبی

пингвин

پنگوئن

ајкула

کوسه

паун

طاووس

змија

مار

крокодил

تمساح

чувар у зоолошком врту

نگهبان باغ وحش

туљан

خوک آبی

јагуар

پلنگ امریکایی

60   зоолошки врт - باغ وحش

пони

اسب کوچک

леопард

پلنگ

нилски коњ

اسب آبی

жирафа

زرافه

орао

عقاب

дивља свиња

گراز

риба

ماهی

корњача

لاک پشت

морж

شیرماهی

лисица

روباه

газела

غزال

спорт
ورزش ها

амерички ногомет
فوتبال آمریکایی
бициклизам
دوچرخه سواری
тенис
تنیس
кошарка
بسکتبال
пливање
شنا
хокеј на леду
هاکی روی یخ
бокс
بوکس

фудбал
فوتبال

бадминтон
بدمینتون

атлетика
دوومیدانی

рукомет
هندبال

скијање
اسکی

поло
پولو

скочити
پریدن

загрлити
بغل کردن

смејати се
خندیدن

ићи
راه رفتن

певати
آواز خواندن

сањати
رؤیا دیدن

молити се
دعا کردن

пољубити
بوسیدن

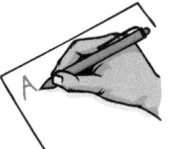

писати

نوشتن

цртати

رسم کردن

показати

نشان دادن

гурати

هل دادن

дати

دادن

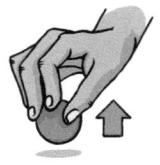

узети

برداشتن

имати

داشتن

чинити

انجام دادن

бити

بودن

стојати

ایستادن

трчати

دویدن

повлачити

کشیدن

бацити

پرتاب کردن

падати

افتادن

лежати

دراز کشیدن

чекати

منتظر بودن

носити

حمل کردن

седити

نشستن

облачити

لباس پوشیدن

спавати

خوابیدن

пробудити се

بیدار شدن

гледати

تماشا کردن

плакати

گریه کردن

миловати

نوازش کردن

чешљати

شانه کردن

говорити

حرف زدن

разумети

فهمیدن

питати

پرسیدن

слушати

شنیدن

пити

آشامیدن

јести

خوردن

поспремити

مرتب کردن

волети

عاشق بودن

кухати

پختن

возити

رانندگی کردن

летети

پرواز کردن

пловити

قایقرانی کردن

рачунати

محاسبه کردن

читати

خواندن

учити

یاد گرفتن

радити

کار کردن

венчати се

ازدواج کردن

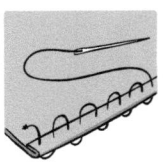

шити

دوختن

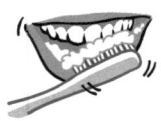

прати зубе

مسواک زدن

убити

کشتن

пушити

سیگار کشیدن

послати

فرستادن

бака
مادربزرگ

деда
پدربزرگ

отац
پدر

мајка
مادر

беба
کودک

кћерка
فرزند دختر

син
فرزند پسر

гост

مهمان

тетка

خاله، عمه

ујак, стриц

دایی، عمو

брат

برادر

сестра

خواهر

тело

بدن

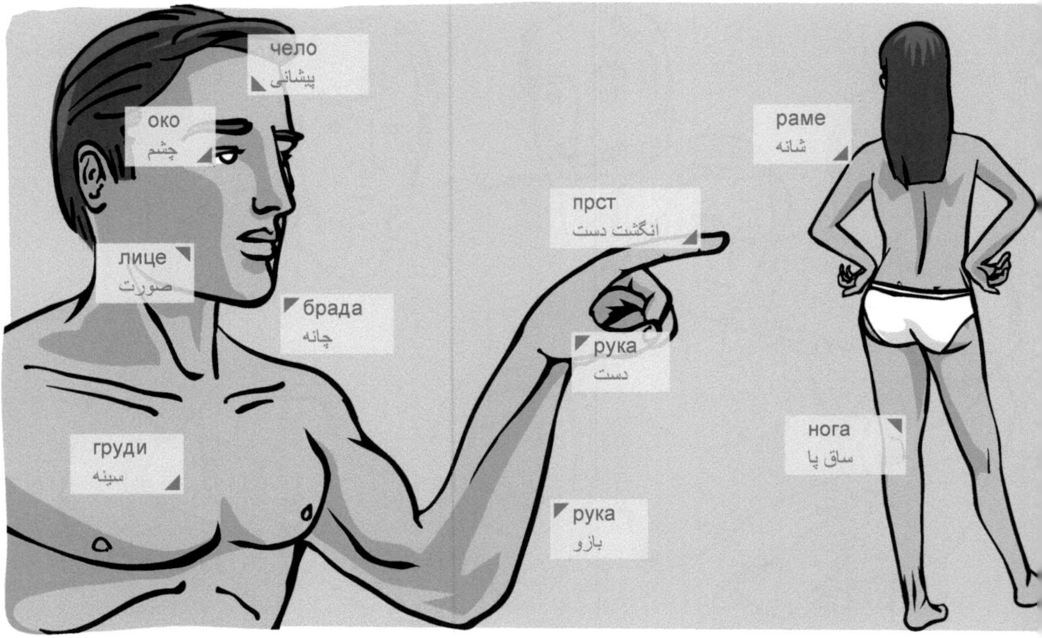

چело پیشانی

اوکو چشم

لیце صورت

брада چانه

груди سینه

рст انگشت دست

рука دست

рука بازو

раме شانه

нога ساق پا

беба
کودک

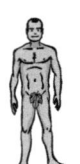

мушкарац
مرد

жена
زن

девојчица
دختربچه

дечак
پسربچه

глава
کله

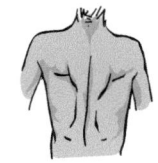

леђа

کمر

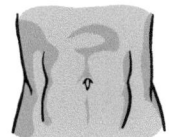

стомак

شکم

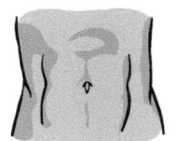

пупак

ناف

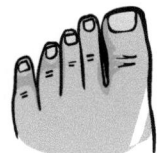

ножни прст

انگشت پا

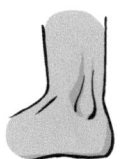

пета

پاشنه

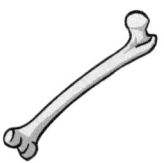

кост

استخوان

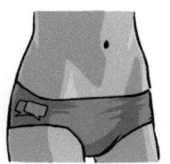

кукови

لگن

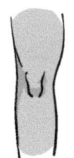

колено

زانو

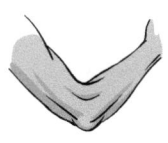

лакат

آرنج

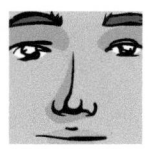

нос

بینی

задњица

نشیمنگاه

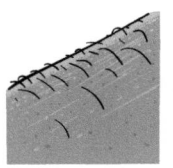

кожа

پوست

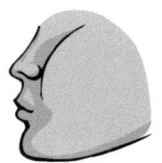

образ

گونه

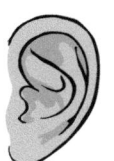

уво

گوش

усна

لب

уста

دهان

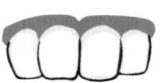

зуб

دندان

језик

زبان

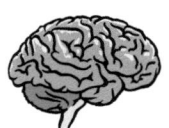

мозак

مغز

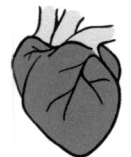

срце

قلب

мишић

عضله

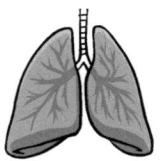

плућа

ريه

јетра

كبد

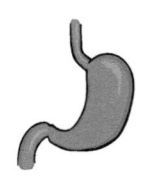

желудац

معده

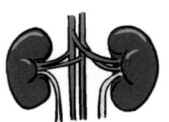

бубрези

كليه

полни однос

آميزش جنسى

кондом

كاندوم

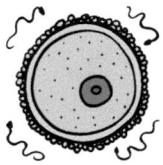

јајна ћелија

تخمک

сперма

اسپرم

трудноћа

حاملگى

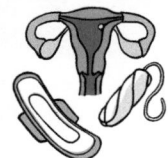

менструација

پریود

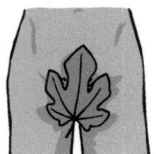

вагина

واژن

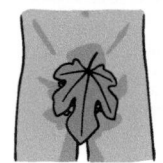

пенис

آلت تناسلی مرد

обрва

ابرو

коса

مو

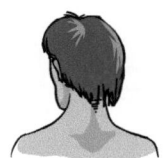

врат

گردن

тело - بدن

болница

بیمارستان

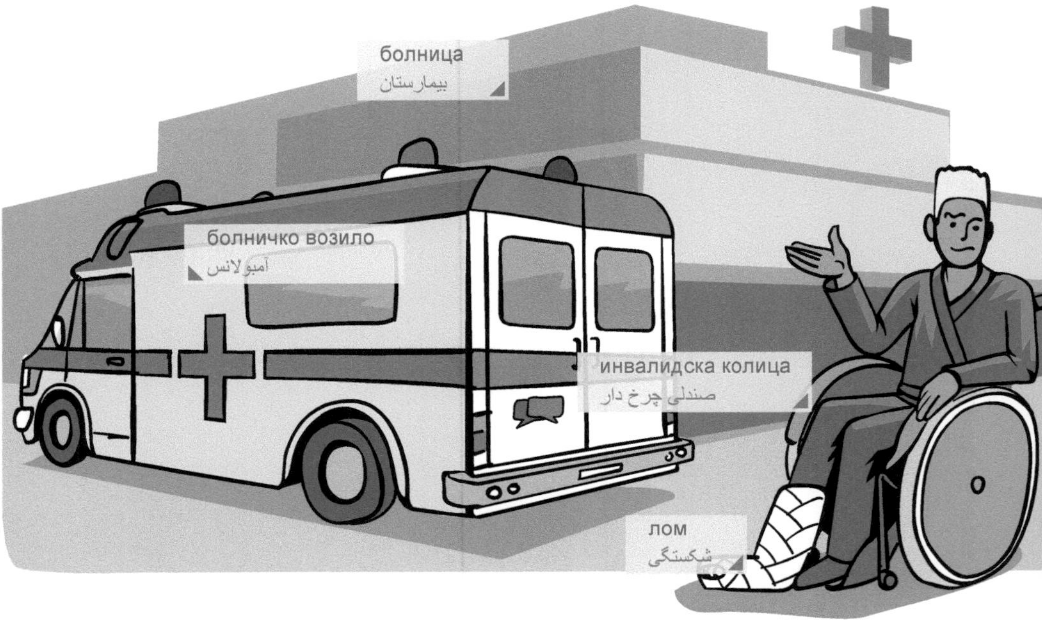

болница
بیمارستان
болничко возило
آمبولانس
инвалидска колица
صندلی چرخ دار
лом
شکستگی

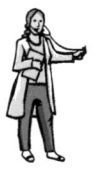

лекар

دکتر

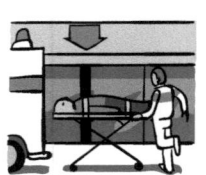

хитна медицинска служба

بخش اورژانس

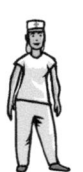

медицинска сестра

پرستار

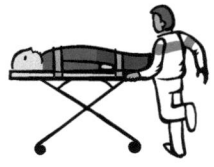

хитни случај

موقعیت اضطراری

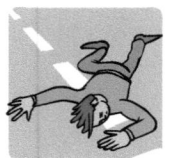

несвест

بی هوش

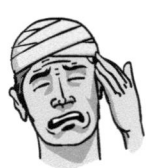

бол

درد

повреда

مصدومیت

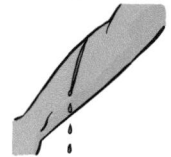

крварење

خونریزی

срчани удар

سکتہ قلبی

удар

سکتہ مغزی

алергија

آلرژی

кашаљ

سرفه

грозница

تب

грипа

آنفولانزا

пролив

اسهال

главобоља

سردرد

рак

سرطان

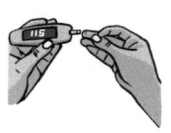

дијабетес

دیابت

хирург

جراح

скалпел

چاقوی جراحی

операција

عمل جراحی

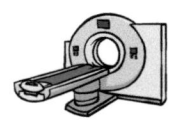

цт

سی تی اسکن

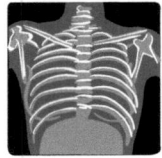

рентген

پرتونگاری

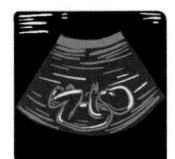

ултразвук

سونوگرافی

маска

ماسک صورت

болест

بیماری

чекаона

اتاق انتظار

штака

چوب زیر بغل

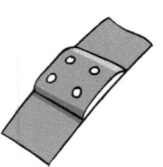

фластер

چسب زخم

завој

پانسمان

ињекција

تزریق

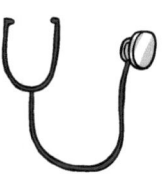

стетоскоп

گوشی طبی

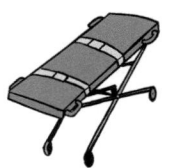

носила

برانکار

термометар

دماسنج

рођење

زایش

прекомерна тежина

اضافه وزن

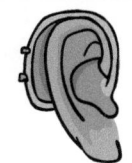

слушни апарат

سمعک

средство за дезинфекцију

ماده ضد غفونی کننده

инфекција

عفونت

вирус

ویروس

хив / аидс

اچ آی وی / ایدز

медицина

دارو

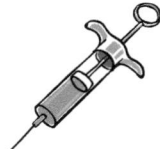

вакцинација

واکسیناسیون

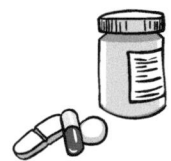

таблете

قرص

пилула

قرص ضد حاملگی

хитни позив

تماس اظطراری

уређај за мерење притиска

دستگاه اندازه گیری فشارخون

болесно / здраво

مریض / سالم

хитни случај

موقعیت اضطراری

помоћ!

کمک!

аларм

آژیر خطر

насртај

حمله

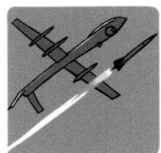

напад

حمله ی فیزیکی

опасност

خطر

излаз у случају нужде

خروج اظطراری

пожар!

آتش

противпожарни апарат

کپسول آتش‌نشانی

незгоца

تصادف

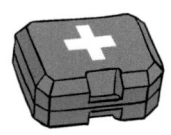

кутија прве помоћи

جعبه کمک های اولیه

сос

درخواست کمک

полиција

پلیس

Европа

اروپا

Северна Америка

آمریکای شمالی

Јужна Америка

آمریکای جنوبی

Африка

آفریقا

Азија

آسیا

Аустралија

استرالیا

Атлантик

اقیا نوس اطلس

Пацифик

اقیانوس آرام

Индијски океан

اقیانوس هند

Антарктички океан

اقیا نوس اطلس جنوبی

Арктички океан

اقیانوس منجمد شمالی

Северни рол

قطب شمال

Јужни рол

قطب جنوب

Антарктик

قاره قطب جنوب

земља

کره زمین

земља

سرزمین

море

دریا

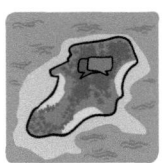

оток

جزیره

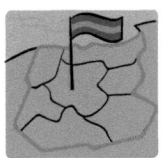

нација

ملت

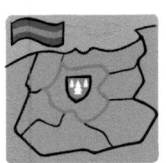

држава

کشور

сат

ساعت

бројчаник сата

صفحه ی ساعت

сатна казаљка

ساعت شمار

минутна казаљка

دقیقه شمار

секундна казаљка

ثانیه شمار

Колико је сати?

ساعت چند است؟

дан

روز

време

زمان

сада

اکنون

дигитални сат

ساعت دیجیتال

минута

دقیقه

час

ساعت

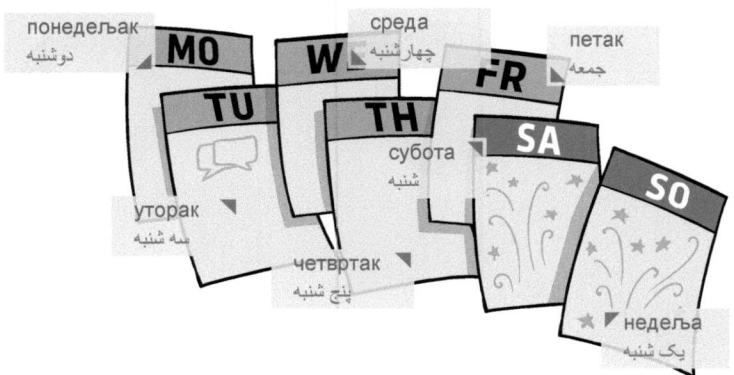

седмица

هفته

понедељак
دوشنبه
среда
چهارشنبه
петак
جمعه
уторак
سه شنبه
субота
شنبه
четвртак
پنج شنبه
недеља
یک شنبه

јуче

دیروز

данас

امروز

сутра

فردا

јутро

صبح

подне

ظهر

вече

غروب

радни дани

روزهای کاری

викенд

آخر هفته

година

سال

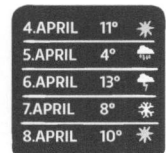

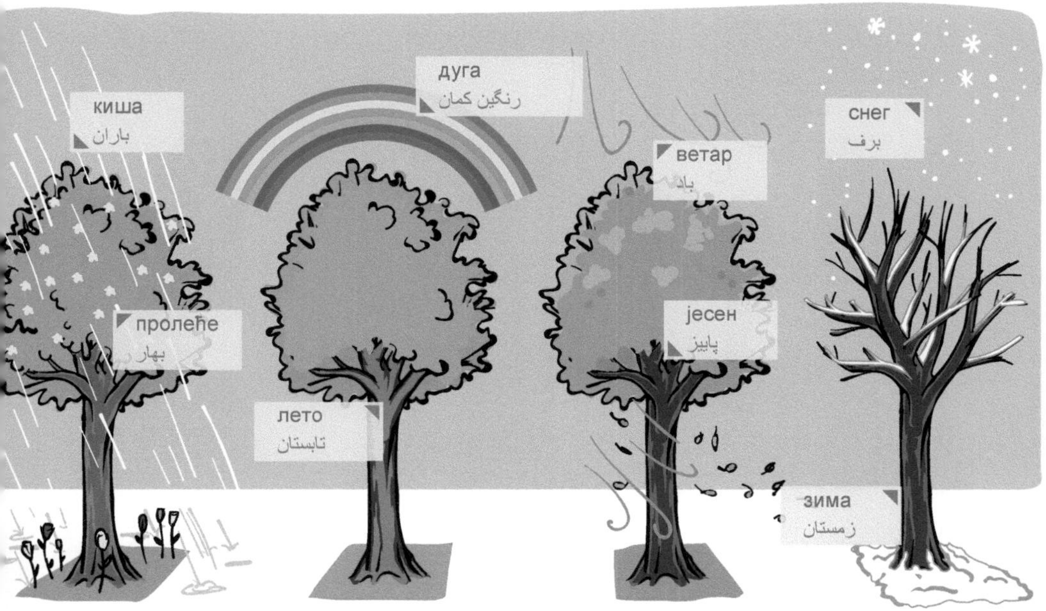

киша
باران
дуга
رنگین کمان
ветар
باد
снег
برف
пролеће
بهار
лето
تابستان
јесен
پاییز
зима
زمستان

4.APRIL 11°
5.APRIL 4°
6.APRIL 13°
7.APRIL 8°
8.APRIL 10°

етеоролошка прогноза

پیش‌بینی اوضاع جوی

F
C

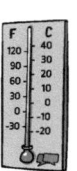

термометар

دماسنج

сунчана светлост

تابش آفتاب

облак

ابر

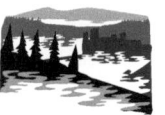

магла

مِه

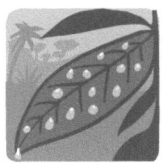

влажност ваздуха

رطوبت هوا

муња

صاعقه

грмљавина

آسمان غرہ

олуја

طوفان

туча

تگرگ

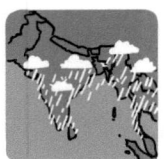

монсун

باد موسمی

поплава

سیل

лед

یخ

јануар

ژانویه

фебруар

فوریه

март

مارس

април

آوریل

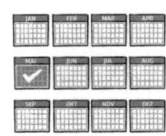

мај

مه

јуни

ژوئن

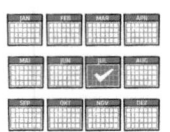

јули

ژوئیه

август

آگوست

година - سال

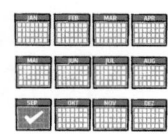

септембар

سپتامبر

октобар

اکتبر

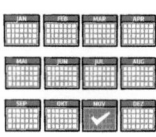

новембар

نوامبر

децембар

دسامبر

облици

آشکال

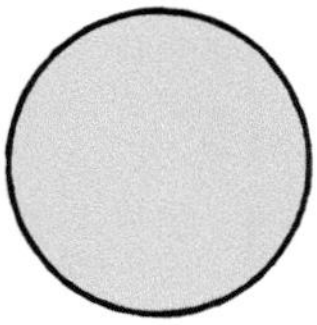

круг

دایره

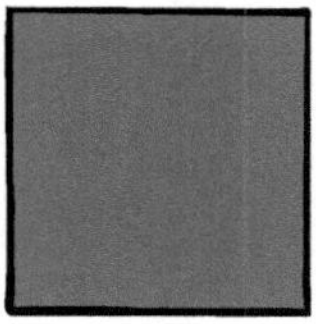

квадрат

مربع

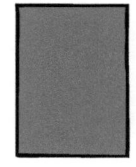

правоугао

مستطیل

троугао

سه گوش

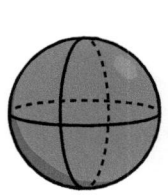

кугла

کُره

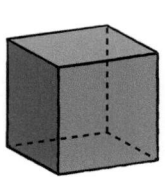

коцка

مکعب مربع

боје

رنگ ها

бела

سفید

жута

زرد

наранџаста

نارنجی

ружичаста

صورتی

црвена

قرمز

љубичаста

بنفش

плава

آبی

зелена

سبز

смеђа

قهوه ای

сива

خاکستری

црна

سیاه

много / мало

خیلی / کم

љутито / мирно

خشمگین / آرام

лепо / ружно

زیبا / زشت

почетак / крај

شروع / پایان

велико / малено

بزرگ / کوچک

светло / тамно

روشن / تیره

брат / сестра

برادر / خواهر

чисто / прљаво

تمیز / آلوده

потпуно / непотпуно

کامل / ناقص

дан / ноћ

روز / شب

мртво / живо

مرده / زنده

широко / уско

پهن / باریک

јестиво / нејестиво

قابل خوردن / غیر قابل خوردن

зло / добро

غضبناک / مهربان

узбуђено / досадно

هیجان زده / بی حوصله

дебело / мршаво

چاق / لاغر

на почетку / на крају

اولین / آخرین

пријатељ / непријатељ

دوست / دشمن

пуно / празно

پر / خالی

тврдо / мекано

سفت / نرم

тешко / лагано

سنگین / سبک

глад / жеђ

گرسنگی / تشنگی

болесно / здраво

مریض / سالم

илегално / легално

غیرقانونی / قانونی

паметно / глупо

باهوش / خنگ

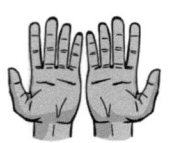

лево / десно

چپ / راست

близу / далеко

نزدیک / دور

ново / половно

نو / استفاده شده

ништа / нешто

هيچ چيز / چيزى

старо / младо

پير / جوان

укључено / искључено

روشن / خاموش

отворено / затворено

باز / بسته

тихо / гласно

آهسته / بلند

богато / сиромашно

ثروتمند / فقير

тачно / погрешно

درست / غلط

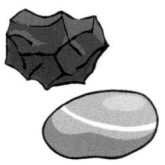

храпаво / глатко

زبر / صاف

тужно / сретно

غمگين / خوشحال

кратко / дуго

كوتاه / بلند

полако / брзо

كند / تند

мокро / сухо

تر / خشک

топло / хладно

گرم / خنک

рат / мир

جنگ / صلح

бројеви

اعداد

0

нула

صفر

1

један

یک

2

два

دو

3

три

سه

4

четири

چهار

5

пет

پنج

6

шест

شش

7

седам

هفت

8

осам

هشت

9

девет

نه

10

десет

دَه

11

једанаест

یازده

12

дванаест

دوازده

13

тринаест

سیزده

14

четрнаест

چهارده

15

петнаест

پانزده

16

шестнаест

شانزده

17

седамнаест

هفده

18

осамнаест

هجده

19

деветнаест

نوزده

20

двадесет

بیست

100

стотину

صد

1.000

хиљаду

هزار

1.000.000

милион

میلیون

језици
زبان ها

енглески

انگلیسی

амерички енглески

انگلیسی آمریکایی

мандарински кинески

چینی ماندارین

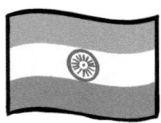

хиндски

هندی

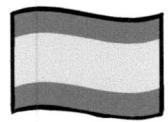

шпански

اسپانیایی

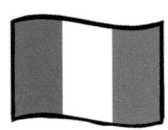

француски

فرانسوی

арапски

عربی

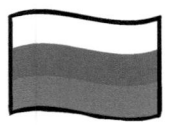

руски

روسی

португалски

پرتغالی

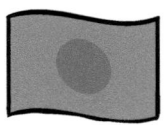

бенгалски

بنگالی

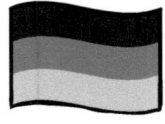

немачки

آلمانی

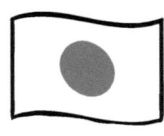

јапански

ژاپنی

ко / шта / како

چه کسی / چه چیزی / چگونه

ја

من

ти

تو

он / она / оно

او

ми

ما

ви

شما

они

آنها

Ко?

چه کسی؟ کی؟

Шта?

چی؟

Како?

چگونه؟

Где?

کجا؟

Када?

کِی؟

име

نام

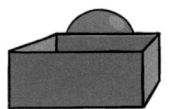

где

کجا

иза

پشت

у

توی

испред

جلو

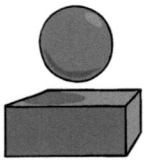

преко

بالای

на

روی

испод

زیر

поред

مجاور

између

بین

место

مکان